D1748177

Das Patricia St. John Weihnachtsbuch

Das Patricia St. John Weihnachtsbuch

Illustrationen von
Kaye Hodges

Verlag Bibellesebund
Marienheide / Winterthur

Die vorliegenden Geschichten wurden den folgenden Büchern von Patricia St. John entnommen:

Ein unvergeßliches Weihnachtsfest aus *Das Geheimnis von Wildenwald*
Das Weihnachtskind aus *Spuren im Schnee*
Weihnachten in Marokko aus *Hamid und Kinza*
Die vier Kerzen aus *Überraschung im Morgengrauen*

Originaltitel: »The Patricia St. John Christmas Book«
Erschienen bei Scripture Union, London
© Text: Patricia St. John 1988
© Illustrationen: Scripture Union 1988
Deutsch von E. I. Aebi

ISBN 3-87982-129-1
1. Auflage 1989
© der deutschsprachigen Ausgabe:
1989 Verlag Bibellesebund Marienheide
Alle Rechte vorbehalten
Illustrationen: Kaye Hodges
Entwurf: Sue Ainley
Druck: Ebenezer Baylis & Son Limited,
The Trinity Press, Worcester, and London

Inhalt

Ein unvergeßliches Weihnachtsfest	7
Das Weihnachtskind	14
Weihnachten in Marokko	21
Die vier Kerzen	29

Ein Brief von Patricia St. John

Dieses Buch handelt von Weihnachten. Ich habe diese Geschichten besonders für Euch zusammengestellt. Sie sollen zeigen, daß auf der ganzen Welt – egal ob im Schnee oder bei hellem Sonnenschein – Menschen zusammenkommen, um sich an das Geschenk Gottes zu erinnern und sich über seinen Sohn Jesus zu freuen.

In gewisser Hinsicht ist dies mein eigenes Buch, denn ich habe all diese Weihnachtsfeiern miterlebt. Als ich noch ein Kind war, überraschten meine Geschwister und ich unsere Eltern immer damit, daß wir ihnen vor der Haustür Weihnachtslieder sangen. Ich werde nie vergessen, wie hell die Kerzen am Weihnachtsbaum leuchteten, wenn es draußen schon dunkel war. Zu der Zeit gab es noch keine elektrischen Kerzen.

Als ich sieben Jahre alt war, zogen wir in die Schweiz. Ich erinnere mich noch gut an die Vorfreude und die Kälte, wenn wir bei Mondschein in dem großen Schlitten zur Kirche hinunterfuhren und mein älterer Bruder mich fest umschlossen hielt.

Sehr viel später, als ich dann erwachsen war, feierte ich Weihnachten mit den Betteljungen in den Bergen Marokkos. Einer brachte mir einmal ein halb verhungertes Kätzchen mit. 1987 besuchte ich die kleine Stadt und traf einige dieser Jungen wieder. Sie waren natürlich inzwischen zu Männern herangewachsen, aber sie erinnerten sich noch an das warme Zimmer und das Holzkohlenfeuer. Einige haben die Geschichten von Jesus nicht vergessen, die sie dort hörten.

Vergeßt daher nicht, wenn Ihr Weihnachten feiert, daß viele Kinder auf der Welt durch eine Weihnachtsfeier zum erstenmal von Jesus hören. Vielleicht nehmt Ihr Euch ein paar Minuten Zeit zum Beten, daß viele erkennen, wie groß Gottes Liebe ist und das Wunder seines Geschenkes an uns, damit sie wiederkommen, um mehr zu hören.

Ein frohes und gesegnetes Weihnachtsfest wünscht Euch

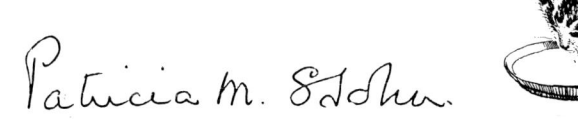

Patricia M. St. John

Ein unvergeßliches Weihnachtsfest

Der Weihnachtsabend war herangerückt. Der Tag war so beglückend gewesen, daß ich immer wieder innehalten und mir sagen mußte, es sei kein Traum.

Vater und Mutter waren vor vierzehn Tagen angekommen. Philipp und ich hatten die Schule schwänzen und mit Onkel Peter in der Hafenstadt die Ankunft des Dampfers erwarten dürfen. Wir waren auf einer Rolltreppe gefahren, hatten im Hotel Brathähnchen und Mokkaeis zu Abend gegessen und waren im Aufzug in unsere Zimmer hinaufgefahren. Am folgenden Morgen waren wir früh geweckt worden und in der grauen, feuchtkalten Dämmerung zum Hafen hinuntergegangen. Wir hatten die Passagiere aus dem Ozeandampfer und über den engen Schiffssteg strömen sehen, und plötzlich hatte Onkel Peter geflüstert: »Da kommen sie!« Und da hatten Vater und Mutter an der Sperre gestanden und ihre Pässe vorgezeigt.

Philipp hatte sich voller Freude und Zutrauen geradewegs in Vaters Arme gestürzt, sich dann zu Mutter gewandt und ihr mit einer stürmischen Umarmung den Hut vom Kopf geworfen. Aber ich stand regungslos. Ich wollte mir zuvor über alles im klaren sein. Als meine Mutter auf mich zulief, blickte ich ihr forschend ins Gesicht. Und plötzlich wußte ich, daß ich nun das gefunden hatte, wonach ich mich all die Jahre gesehnt hatte, ohne recht zu wissen, was es war. Ich war so überwältigt von dieser Entdeckung, daß ich den Blick nicht von Mutter wenden konnte. Sie drängte mich nicht. Sie wartete ruhig und schaute auf mich herab, bis ich bereit war und die Arme ausstreckte, um sie zu küssen. Da neigte sie sich zu mir herab und zog mich an ihr Herz. Und dort auf dem Hafendamm, im strömenden Regen, im Gedränge der Menschenmenge und beim Geheul der Nebelhörner flüsterte sie mir ins Ohr, wie sehr sie mich liebhabe. In diesem Augenblick war mir klar, daß ich mich durch nichts und niemand mehr von ihr würde trennen lassen.

Zwischen Vater und Mutter ging ich ins Hotel zurück, während Philipp wie ein aufgeregtes Hündchen um uns herumtanzte. Wir bekamen gegrillte Heringe, geröstetes Brot und Orangenmarmelade zum Frühstück und verpaßten beinahe die Abfahrt des Zuges.

Und jetzt war der Weihnachtsabend endlich gekommen, und der große Augenblick des Tages nahte. Wir waren zur Kirche gewesen und hatten Gänsebraten und Weihnachtspudding gegessen, soviel wir konnten. Am Nachmittag hatten wir mit Vater und Onkel Peter einen langen Spaziergang über die Hügel gemacht und waren so hungrig heimgekehrt, als wäre das Mittagessen nur ein Traum gewesen. Wir hatten bei rötlichem Kerzenschein Tee getrunken, und Vater hatte den Weihnachtskuchen mit seinem indischen Dolch angeschnitten.

Und jetzt befahl Tante Margret: »Geht fünf Minuten hinaus, Kinder!« Mutter schlug vor: »Spielt etwas miteinander!« Vater ergänzte: »Jeder, der die Nase ins Eßzimmer steckt, wird von einem großen braunen Bären gefressen«, und Philipp kniff uns alle der Reihe nach in den Arm und flüsterte: »Kommt schnell, das ist ein günstiger Augenblick!«

Als dann die Erwachsenen sicher hinter der geschlossenen Zimmertür zurückblieben, schlüpften wir eilig in unsere Mäntel und huschten auf den Zehenspitzen zur Haustür hinaus. Die Welt war in Schweigen gehüllt, und die Sterne strahlten silbernes Licht über den Schnee. Philipp warf uns einen befehlenden Blick zu und gab leise summend den Ton an. Und dann stimmten wir alle miteinander an:

EIN UNVERGESSLICHES WEIHNACHTSFEST

Die Hirten hatten Engel,
Die Weisen einen Stern,
Doch wer führt solch ein Kind wie mich?
Die Heimat liegt so fern,
Wo Engel, Menschen, Sterne gar
Gott loben immerdar.

Wir sangen alle Verse des Liedes durch. Ich dachte daran, daß Jesus jetzt mein Hirte war. Er war der Hirte, der Tag und Nacht nach mir schaute und mich schließlich heimtragen würde, dorthin, wo Terry war. Mein Blick umfing die weite, weiße Welt, und ich lächelte glücklich. Wie schön, wissen zu dürfen, daß ich für immer und ewig vollkommen in Sicherheit war!

Doch das Lied war zu Ende, und Fritz hämmerte aufgeregt gegen die Tür, die sich plötzlich weit öffnete. Und da, im Flur unter dem Adventskranz, standen Vater und Mutter, Onkel und Tante und taten, als hätten sie nicht gewußt, daß wir es waren. Terrys Mutter stand auch dabei. Sie hatte Tränen in den Augen und hielt Minchen fest an sich gedrückt. Wir stürzten auf sie zu.

»Hat es euch gefallen?« riefen wir alle durcheinander. »Habt ihr wirklich nicht gedacht, daß wir es seien?«

In diesem Augenblick ließ uns ein gellender Schrei aus Liesels Richtung zusammenfahren. Sie hatte durch die halbgeöffnete Wohnzimmertür etwas erblickt und lief darauf zu. Wir stürmten hinter ihr her ins Zimmer hinein. Die Kerzen am wunderschön geschmückten Christbaum brannten alle und verbreiteten einen warmen Schimmer im dunklen Raum.

Es war so schön, daß alles Laute von uns wich. Still setzten wir uns mit verschränkten Beinen auf den Teppich, während Vater die Geschenke austeilte.

Bald kamen wir an die Reihe. Vater griff nach einem viereckigen Paket unter dem Baum und reichte es Philipp.

»Mach es vorsichtig auf«, mahnte er, »es ist sehr zerbrechlich.« Philipp machte mich ganz zappelig, denn er brauchte endlos lange, um die Schnur zu lösen. Er liebte es, ein Vergnügen möglichst in die Länge zu ziehen. Schließlich kam der Inhalt zum Vorschein, und Philipp ließ ein komisches Geräusch im Hals hören, als müsse dort eine Explosion unterdrückt werden. In

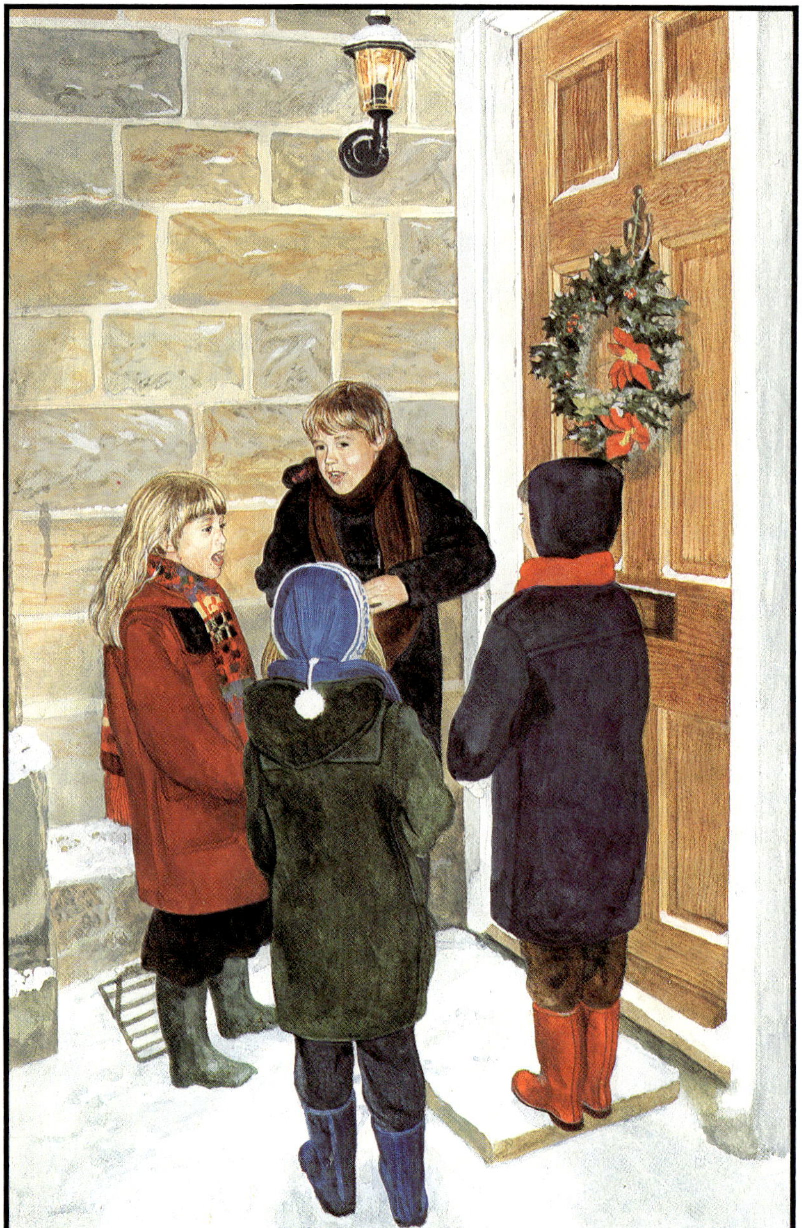

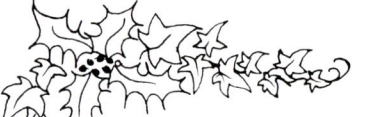

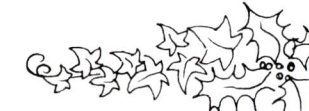

EIN UNVERGESSLICHES WEIHNACHTSFEST

den Händen hielt er einen schwarzen Photoapparat, der jenem zum Verwechseln ähnlich sah, den wir so oft im Schaufenster bewundert hatten.

»Philipp«, schrie ich, »jetzt hast du ihn doch!«

Dann aber verstummte ich, denn jetzt war ich an der Reihe. Mein Vater hatte ein großes, flaches, steifes Paket ausgewählt und streckte es mir entgegen.

Alle standen im Kreis um mich her, während ich, im Gegensatz zu Philipp, mehrere Schichten Packpapier so rasch wie möglich wegriß. Dann stieß ich einen Schrei des Entzückens aus und wurde feuerrot.

Vor mir lag *mein Bild*. Aber nicht meine zerknitterte Postkarte mit beschädigten Rändern. Nein, es war ein großes, schönes Bild in einem geschnitzten Holzrahmen, genau wie das Bild in der Studierstube des Pfarrers. Das durfte ich über meinem Bett aufhängen und immer behalten.

Daraufhin packten auch die Erwachsenen ihre Geschenke aus und schienen ebenso erfreut wie wir. Es waren größtenteils selbstgefertigte Arbeiten, auf die wir sehr stolz waren: Laubsäge-Bücherstützen für Onkel Peter, ein Portemonnaie für Tante Margret, ein Tintenwischer für Vater und eine Wärmflaschenhülle für Mutter. Terrys Mutter wurde mit einem buntbestickten Taschentuchbeutel bedacht, den sie gebührend bewunderte.

Es gab noch andere Geschenke, aber das waren die wichtigsten.

Philipp und ich halfen beim Aufräumen des Zimmers. Dann ließen Vater und Philipp sich auf dem Sofa nieder, um, sicher zum zehntenmal, das Vogelalbum zu betrachten. Doch diesmal war ein neuer Reiz dabei: Der Photoapparat lag auf Philipps Knien, und schon besprachen sie die Aufnahmen, die sie machen wollten.

Da schlich ich mich mit meinem Bild unter dem Arm davon und stieg die Treppe hinauf. Ich wollte mich auf dem Fenstersims im Treppenhaus hinter dem Vorhang hinkuscheln, still zum Schnee hinaus- und zu den Sternen hinaufschauen und den Glocken lauschen, die vom nahen Kirchturm herab erklangen. Doch als ich zu meinem Versteck kam, war Mutter schon dort, und das war noch schöner, als allein zu sein. Denn nun konnte ich mich in ihren Schoß schmiegen und ihr mein Bild hinhalten, um es mit ihr zusammen zu betrachten.

»Ist es nicht wunderschön?« fragte ich.

»Ja«, erwiderte meine Mutter, »aber wie bist du eigentlich dazu gekommen, es so besonders zu lieben, Ruth? Erzähl es mir.«

Da erzählte ich ihr, etwas scheu zwar, mein Geheimnis, und sie hörte mir still zu, während sie den Blick über die weiße, weite Fläche schweifen ließ.

»Und ich bin's nicht allein«, schloß ich. »Er hat mich zuerst gefunden, dann Philipp und Terrys Mutter, dann Terry selbst. Den hat er gleich zu sich nach Hause getragen. Und weißt du, Mutti, manchmal ist's mir, als habe er auch Tante Margret gefunden. Wenigstens glaube ich, sie hatte ihn ein bißchen vergessen, aber das Bild hat sie wieder an ihn erinnert.«

»Ja, ich glaube, du hast recht«, erwiderte Mutter. »Und schau, Ruth, auch ich möchte noch viel mehr vom Hirten wissen. Wird es nicht wunderschön sein, alle miteinander zu lernen, ihm nachzufolgen? Wie manches Mal bin ich im fernen Indien niedergekniet und habe gebetet, daß du ihn auf irgendeine Weise kennenlernen möchtest! Aber es schien mir immer, ich wisse zu wenig, um dir selbst von ihm zu sagen.«

Ich hob den Kopf.

»Wirklich?« rief ich aus. »Dann ist wohl deswegen alles so gekommen. Es ist, als ob du den Guten Hirten zu uns geschickt hättest. Ich bin ja so froh! Nun kommt mir alles noch viel schöner vor.«

Glücklich lehnte ich meinen Kopf wieder an ihre Schulter, und wir blickten stillschweigend zum Fenster hinaus.

Ich mußte wohl ein bißchen eingenickt sein, denn halb im Traum sah ich uns alle, *gesucht und gefunden,* durch die grünen Felder von Terrys Bild pilgern: Vater und Mutter, Onkel Peter und Tante Margret; Herrn und Frau Robinger mit den Zwillingen, die mit ihren kurzen Beinchen durch die Gänseblümchen stolperten; den alten Tanner mit seiner Herde; Terrys Mutter; Philipp und mich; Fritz und Liesel und Minchen, denen ich versprochen hatte, am nächsten Morgen mein Bild zu erklären. Und uns allen voran ging der Gute Hirte mit seinen durchbohrten Händen, der uns zu dem fernen Land führte, wo Terry auf uns wartete, gesund und stark und vollkommen glücklich.

Das Weihnachtskind

*E*s war Weihnachtsabend. Den steilen Bergpfad hinauf kletterten drei Gestalten, deren Schatten sich im Mondlicht auf dem weißen Schnee abzeichneten. Eine Frau in langen, weiten Röcken, mit einem schwarzen Schal über den Schultern, hielt einen dunkelhaarigen, etwa sechsjährigen Jungen an der Hand, der mit vollem Munde unaufhörlich drauflosschwatzte. Neben den beiden, die Augen zu den Sternen erhoben, stapfte ein etwa siebenjähriges Mädchen. Es hielt die Hände über der Brust verschränkt und drückte einen honigfarbenen Lebkuchenbären mit weißen Zuckeraugen fest an sein Herz.

Der kleine Junge hatte auch einmal einen Lebkuchenbären gehabt. Aber der war bereits verzehrt. Nur die Hinterbeine blieben übrig! Der Junge warf einen verschmitzten Blick auf das Mädchen. »Meiner war größer als deiner«, erklärte er.

»Ich möchte nicht tauschen«, erwiderte die Kleine ruhig und ohne den Kopf zu wenden. Zärtlich blickte sie auf den prächtigen Bären in ihrer Hand. Wie süß er roch, und wie er im Mondschein glänzte! Nie, nie wollte sie ihn anbeißen! Achtzig Dorfkinder hatten heute einen Lebkuchenbären erhalten, aber ihrer war bestimmt der allerschönste!

DAS WEIHNACHTSKIND

Ja, sie wollte ihn als Andenken aufbewahren. Jedesmal, wenn sie ihn anschaute, würde er sie an diesen Weihnachtsabend erinnern: an den kalten, dunkelblauen Himmel, an den warmen Schein der festlich erhellten Kirche, an den mit Silbersternen geschmückten Baum, an die Lieder, die Krippe und die schöne, traurige Weihnachtsgeschichte. Es war ihr fast zum Weinen, wenn sie an die Herberge dachte, in der es keinen Raum fürs Christuskind gab. *Sie* hätte ihre Türe weit aufgemacht und die müden Reisenden freudig aufgenommen!

Lukas, der Junge, ärgerte sich über ihre Schweigsamkeit. »Ich habe meinen fast fertig«, schmollte er, »laß mich deinen versuchen, Annette, du hast ihn ja noch nicht einmal angefangen!« Doch Annette schüttelte den Kopf und drückte ihren Bären fester an sich. »Ich werde ihn nie aufessen«, sagte sie. »Ich will ihn immer und ewig behalten.«

Inzwischen waren die drei an der Stelle angekommen, wo der Weg mit seinen Schlittenspuren sich teilte. Der Weg zur Rechten führte zu einer Gruppe von Chalets mit hell erleuchteten Fenstern. Dahinter standen dunkle Ställe und Scheunen. Annette war beinahe zu Hause.

Frau Matter schien zu zögern. »Können wir dich allein heimgehen lassen, Annette?« fragte sie. »Oder sollen wir dich bis vor die Haustür begleiten?«

»O nein, ich gehe lieber allein«, erwiderte Annette. »Vielen Dank, daß Sie mich mitgenommen haben. Gute Nacht, Frau Matter, gute Nacht, Lukas!«

Und damit eilte sie davon. Hoffentlich besann sich Frau Matter nicht eines andern und bestand darauf, sie heimzubegleiten, wo sie doch so sehnlich wünschte, allein zu sein! Sie wartete ja nur darauf, Lukas' Geschwätz loszuwerden. Wie sollte sie nachdenken und die Sterne betrachten können, solange sie Frau Matter und Lukas höfliche Antworten geben mußte?

Annette war nie zuvor bei Nacht allein draußen gewesen, und auch heute geschah es nur durch eine Art Zufall. Sie hätte mit Vater und Mutter auf dem Schlitten zur Kirche fahren sollen. Seit Wochen hatten sie davon gesprochen und sich darauf gefreut. An diesem Morgen aber war Mutter plötzlich erkrankt, und Vater war mit dem Mittagszug in die Stadt hinuntergefahren, um einen

DAS WEIHNACHTSBUCH

Arzt zu holen. Dieser war etwa um vier Uhr gekommen, aber er hatte Mutter nicht rechtzeitig gesund machen können, um zur Kirche zu fahren, wie Annette gehofft hatte. So hatte sie zu ihrer großen Enttäuschung statt dessen mit Frau Matter gehen müssen, deren Chalet etwas weiter oben am Berg stand. Als sie dann aber die Kirche betreten hatten, war es dort so wunderschön gewesen, daß Annette alles andere vergessen hatte.

Noch hielt der Zauber dieses Abends an. Und nun, da sie allein im Schnee unter den Sternen stand, schien es ihr jammerschade, sogleich ins Haus zu gehen und den Zauber zu brechen. Am Fuß der Treppe, die zum Balkon und der Wohnstube hinaufführte, stand Annette still und schaute sich um. Gegenüber lag der Kuhstall; sie konnte hören, wie die Tiere sich bewegten und Heu aus der Krippe zogen. Da kam ihr ein großartiger Gedanke! Sie sprang über die Schlittenspuren hinweg und hob den Riegel der Stalltür. Ein anheimelnder, warmer Geruch von Vieh, Milch und Heu umfing sie. Sie schlängelte sich an den Beinen einer braunen

DAS WEIHNACHTSKIND

Kuh vorbei und kletterte auf die Krippe. Die Kuh war fleißig am Fressen. Annette schlang die Arme um ihren Hals und ließ sie ruhig weiterkauen. Gerade so mußte es gewesen sein, als Maria mit ihrem neugebornen Kind in den Armen bei den Tieren saß.

Annette schaute auf die Krippe hinab, und in ihrer angeregten Phantasie kam es ihr vor, als läge das himmlische Kind auf dem Heu und die Kühe ständen still und andächtig rundherum. Durch eine Lücke im Dach konnte sie einen einzelnen funkelnden Stern erblicken, und sie mußte daran denken, wie der Stern über Bethlehem gestanden und die Weisen zur Stätte geführt hatte, wo das Jesuskind lag. Sie konnte sich gut vorstellen, wie die Weisen auf ihren schaukelnden Kamelen das Tal heraufgeritten kamen. Und jetzt würde wohl jeden Augenblick die Tür aufgehen, und die Hirten kämen hereingeschlüpft, kleine Lämmer auf den Armen, und würden das Kind mit weichen Schaffellen zudecken wollen! Tiefes Erbarmen ergriff Annette beim Gedanken an das heimatlose Kind, dem sich alle Türen verschlossen hatten.

»In unserem Chalet wäre Platz genug gewesen«, murmelte sie. »Und doch: Hier ist's wohl am allerschönsten. Das Heu ist sauber und weich und der Atem der Braunen warm und gut. Gott hat doch die beste Wiege für sein Kind gewählt!«

Wer weiß, ob Annette nicht in dieser Weise die halbe Nacht verträumt hätte, wäre nicht plötzlich der Schein einer Laterne durch die angelehnte Tür gedrungen, während gleichzeitig feste Schritte über den knirschenden Schnee kamen. Dann hörte Annette ihren Vater nach ihr rufen. Sie glitt von der Krippe herunter, wich geschickt dem Schwanz der Braunen aus und lief mit ausgebreiteten Armen auf ihren Vater zu.

»Ich wollte den Kühen einen Weihnachtsbesuch machen«, lachte sie. »Hast du mich gesucht?«

»Ja«, erwiderte der Vater. Aber er lachte nicht. Sein Gesicht war bleich und ernst. Er faßte Annette bei der Hand und zog sie die Treppe hinauf. »Du hättest sofort heimkommen sollen, wo doch deine Mutter so krank ist«, sagte er. »Sie fragt seit einer halben Stunde beständig nach dir.«

Annettes Herz begann wild zu schlagen. Wie hatte sie nur ihre inniggeliebte Mutter vergessen können! Sie machte sich von der

Hand ihres Vaters los und eilte schuldbewußt die hölzerne Treppe hinauf.

Weder der Arzt noch die Gemeindeschwester bemerkten sie, bis sie nahe am Bett der Kranken stand, denn sie war ein kleines, leichtfüßiges Ding, das sich lautlos wie ein Schatten bewegen konnte. Aber die Mutter erblickte sie sogleich und streckte mühsam die Arme nach ihr aus. Wortlos rannte Annette hinzu und barg das Gesicht an Mutters Schulter. Sie begann leise zu weinen, denn Mutters Gesicht erschreckte sie: Es war beinahe so weiß wie das Kissen. Wie leid tat es ihr nun, daß sie so lange weggeblieben war!

»Annette«, flüsterte die Mutter, »hör auf zu weinen. Ich habe ein Geschenk für dich.«

Annette war sofort still. Ein Geschenk? Natürlich, es war ja Weihnachten. Da gab ihr die Mutter immer ein Geschenk. Was mochte es wohl sein? Erwartungsvoll blickte sie um sich.

Die Mutter wandte sich an die Gemeindeschwester. »Geben Sie es ihr«, flüsterte sie. Da schlug die Schwester die Decke zurück und zog ein Bündel hervor, das in ein weißes Wolltuch eingewickelt war. Sie trat zu Annette und hielt es ihr entgegen.

»Dein Brüderchen«, erklärte sie. »Komm, wir wollen es drunten beim Feuer in die Wiege legen, dann darfst du es schaukeln. Wir müssen deine Mutter jetzt schlafen lassen. Sag ihr gute Nacht.«

»Dein Brüderchen«, wiederholte Mutter mit matter Stimme. »Es gehört dir, Annette. Zieh es auf, und hab es lieb, und sorge gut für es – an meiner Stelle. Ich schenke es dir.«

Die Stimme versagte ihr, und sie schloß die Augen. Annette war wie betäubt und folgte willenlos der Schwester. Sie setzte sich auf einen Schemel an das Herdfeuer, vor sich die Wiege, in der ihr Weihnachtsgeschenk lag.

Lange saß sie regungslos und schaute unverwandt auf das Bündel hinab, das ihr Brüderchen sein sollte. Der Schnee warf ein seltsames Licht auf die Wände, und der Widerschein der glühenden Holzstücke tanzte an der Zimmerdecke. Es war sehr still im Hause, und dort, ja dort schien der Weihnachtsstern durchs Fenster herein! So hatte er im Stall von Bethlehem auf jenes andere Kind herabgeschienen. Und so wie sie, Annette, hier am

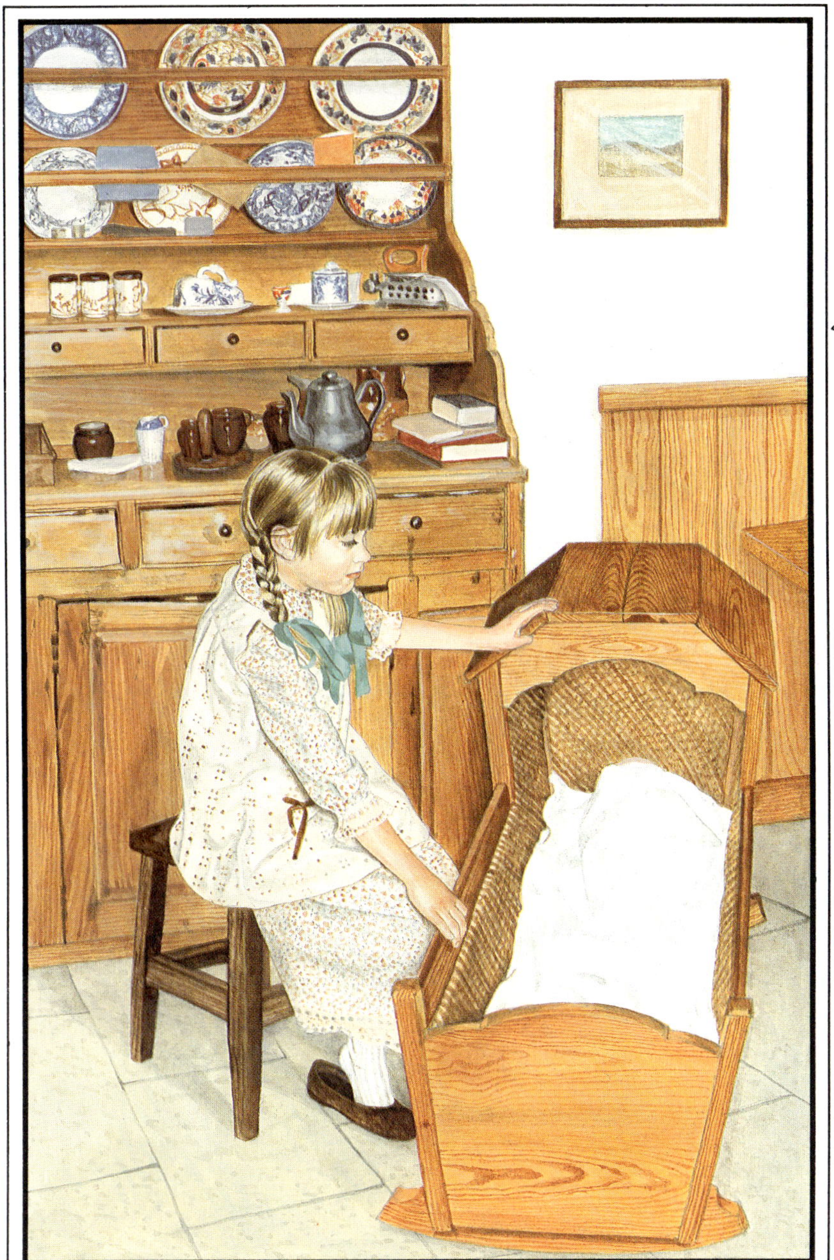

Feuer saß und über ihr Brüderchen wachte, so hatte Maria dagesessen und über Gottes kleinen Sohn gewacht.

Mit ehrfürchtigen Fingern berührte Annette das samtige Haarschöpfchen. Dann legte sie mit einem müden Seufzer den Kopf auf die Wiege und ließ ihre Gedanken wandern, wohin sie wollten: Sterne, Herden, neugeborene Kinder, verschlossene Türen, weise Männer und Lebkuchenbären – in ihrem Kopf gerieten sie alle durcheinander, und sie selbst glitt allmählich zu Boden.

Hier fand sie ihr Vater eine Stunde später, friedlich schlafend wie ihr Brüderchen, den blonden Kopf an die Wiege gelehnt.

»Arme mutterlose Geschöpfe«, klagte er, während er sich bückte und seine kleine Tochter in die Arme nahm, »wie soll ich euch nur aufziehen ohne sie?«

Denn Gott hatte Annettes Mutter zu sich gerufen; sie durfte Weihnachten mit den Engeln feiern.

Weihnachten in Marokko

*E*ines Morgens krochen Hamid und Ayaschi zähneklappernd aus ihrer Moschee und stellten fest, daß die Olivenhaine und die Berge oberhalb der Stadt mit Schnee bedeckt waren. Der Winter hatte Einzug gehalten.

Die darauffolgende Woche war ausnehmend kalt und rauh. Ein schneidender Wind fegte durch die Gassen, und die Jungen konnten kaum warten, bis sie eingelassen wurden. Sobald sie aber über die Schwelle gepurzelt waren, blieben sie staunend stehen. Anstelle des gewohnten elektrischen Lichtes strahlte ihnen sanfter Kerzenschimmer entgegen. In der Mitte des Raumes stand ein kleiner Tisch und darauf, im Halbkreis, mehrere Kerzen. Silberne Olivenzweige waren im Kranz um die Kerzen gelegt. Und auf dem Fußboden lag, als gälte es, ein Picknick abzuhalten, auf einem bunten Tuch ein Festessen ausgebreitet: Nüsse, Mandeln, Rosinen, Bonbons, Orangen, Bananen, Zuckerplätzchen und Honigkuchen. Auf einem Tablett in der Ecke stand auch eine Teekanne, umringt von Gläsern. Der Teekessel summte vergnügt auf dem Holzkohlenfeuer. Der ganze Raum strömte eine Atmosphäre warmer Gastlichkeit aus. Und die kleine Kinza hatte für das Fest aufbleiben dürfen. Sie saß mit erwartungsvollem Gesicht auf einem Kissen und umschlang mit beiden Armen einen großen rotweiß-gestreiften Gummiball.

»Heute ist das Fest der Christen«, erklärte die Schwester der verwunderten Jungenschar, die Mund und Augen aufsperrte. »Und ich habe gedacht, wir wollten es zusammen feiern. Es ist das Geburtstagsfest unseres Herrn Jesus Christus. Er ist die größte Gabe, die Gott uns gegeben hat, und deshalb machen wir einander an seinem Fest auch Geschenke. Das ist der Grund, warum Kinza einen Gummiball bekommen hat und weshalb ich euch Süßigkeiten und Früchte gekauft habe.«

Hei, war das ein Fest! Die Kinder fühlten sich zwar anfangs ein bißchen eingeschüchtert durch das ungewohnte Kerzenlicht und die festliche Stimmung. Aber nach und nach lösten sich ihre Zungen, die Zehen und Fingerspitzen tauten auf, und ihre Wangen röteten sich. Munter schwatzten und aßen sie drauflos und schlürften ein Glas süßen, heißen Pfefferminztee nach dem andern. Einen Teil der Früchte und Süßigkeiten verstauten sie vorsorglich in ihren Kleidern – für später!

Hamid konnte den Blick nicht von Kinza wenden. Sie trug ihr schönstes Kleidchen, ein blaues Festkleid, und ihre Locken ringelten sich wie ein Kranz um ihr Köpfchen. Wie rund und kräftig sie geworden war! Er mußte an das blasse, schlechtgekleidete Schwesterchen vom vorhergehenden Winter denken, an den Schmutz, die Armut, das ganze Elend in seinem Dorf und in dieser Stadt. All das schien hier ausgeschaltet zu sein; hier war man wie abgeschnitten von der harten Außenwelt und in einen warmen, freundlichen, von Kerzenschimmer erhellten Kreis eingeschlossen. Die Jungen unterhielten sich über Feste im allgemeinen, und er begann sich dem Geplauder anzuschließen. Er erzählte vom Schaffest in seinem Dorf, und die Schwester, die sein Mienenspiel beobachtete, freute sich über ihn. Sie fand, er habe sich in der letzten Zeit verändert. Er hatte ihr zwar nie gesagt, was an dem Abend, an dem er die Eier gestohlen hatte, geschehen war; aber sein ganzes Auftreten war anders geworden. Er war kein scheuer kleiner Fremdling mehr; Abend für Abend nahm er zuversichtlich und erwartungsvoll seinen Platz ein, und sein ganzes Wesen schien die Botschaft von der Liebe Jesu hungrig in sich aufzunehmen. Wie gern hätte die Krankenschwester gewußt, was in dem Kinderherzen vorging!

WEIHNACHTEN IN MAROKKO

Auf einmal merkte sie, daß sich vor ihren Augen etwas Seltsames abspielte. Kinza war aufgestanden, und es lag ein Ausdruck auf ihrem Gesicht, den die Schwester nie zuvor bemerkt hatte: ein leises, dämmerndes Erinnern, so als dringe ein lieber, doch längst vergessener Ton an ihr Ohr. Und nun, mit zögernden Bewegungen, jedoch durch Tastsinn und Gehör fast so sicher geführt wie andere durch ihr Augenlicht, näherte sich Kinza dem Sprechenden und blieb unbeweglich, angespannt lauschend neben ihm stehen.

Zu irgend einer andern Zeit hätte Hamid tausend Ängste ausgestanden, sein Geheimnis könnte entdeckt werden, und er hätte Kinza wahrscheinlich von sich gestoßen. Doch heute herrschte in diesem Zimmer solch ein Geist des Wohlbehagens, daß Furcht und Mißtrauen ausgeschaltet waren. Hamid achtete auf niemand mehr, sondern legte den Arm um sein Schwesterchen und zog es an sich. Und Kinza, die zwar nicht wußte, wer er war, und nur der Anziehungskraft der einst geliebten Stimme gefolgt war, schmiegte sich an ihn und strahlte ihn glückselig an. Mit wachsendem Erstaunen beobachtete die Schwester den Vorfall, und plötzlich fiel ihr auf, wie ähnlich die beiden einander waren. Eine Reihe von Einzelheiten, die bisher belanglos geschienen hatten, fuhren ihr durch den Kopf: das beinahe gleichzeitige Auftauchen der Kinder aus dem Nichts; Hamids seltsame Bitte, Kinza im Schlaf sehen zu dürfen; die merkwürdige Art, wie er sie im geheimen auf der Straße beobachtete, und anderes mehr. Die Schwester war auf einmal fest überzeugt, daß die beiden Geschwister waren. Doch, mochte sie recht haben oder nicht, das hatte praktisch keine Bedeutung. Hamid würde kaum je sein Geheimnis preisgeben, und sie ihrerseits hatte kein Verlangen sich von Kinza zu trennen. Sie konnte nur ahnen, welch trauriges Schicksal diese beiden kleinen Landstreicher in die weite Welt hinausgetrieben hatte, und sie staunte über die gütige Hand Gottes, die sie in den sichern Hafen ihres Hauses geführt hatte.

Auch die übrigen Kinder wurden aufmerksam.

»Sie kennt ihn«, tuschelten sie untereinander und warfen sich verstohlene Blicke zu. Aber die Gegenwart der Schwester hinderte sie, ihre Gedanken laut werden zu lassen, und bald schwemmten weitere Gläser Pfefferminztee diese Gedanken hinweg.

Als das Festmahl zu Ende war, wies die Schwester auf ein weißes Tuch an der Wand. Sie blies die Kerzen aus, und im Dunkeln erschienen Bilder an der Wand. Den Jungen kam es wie Zauberei vor, und sie guckten sich vor Spannung und Verwunderung fast die Augen aus.

Zuerst war eine junge Frau zu sehen. Sie klopfte an die Tür einer Herberge, wurde aber abgewiesen, weil man keinen Platz für sie hatte. Sie tat Hamid leid. Auch er hatte ja am ersten Abend sehnsüchtig durch das Tor der Herberge geschaut. Aber er hatte kein Geld gehabt und deshalb auf dem Kehrichthaufen schlafen müssen. Die Frau war in einen Stall gegangen. Das nächste Bild zeigte sie dort mit ihrem Mann und den Tieren. Dann aber war etwas Wunderbares geschehen: Sie hatte ihren ersten Sohn geboren, ihn in Windeln gewickelt (genau wie die Mutter es mit Kinza gemacht hatte) und in eine Krippe gelegt. Kinza hatte eine hölzerne Wiege gehabt, aber dieses Kind gehörte jedenfalls ganz armen Leuten, heimatlosen, verstoßenen Menschen, wie er einer war.

WEIHNACHTEN IN MAROKKO

Doch nein – was sagte die Schwester eben? Das Kindlein in der Wiege war der Herr Jesus Christus, zu dessen Ehre alle Christen das Fest der Gaben feierten! Er war Gottes große Gabe, und er war freiwillig in die Welt gekommen. Der Stall auf dem Bild sah recht düster aus, nur von einer einzigen Kerze erhellt, während doch das Vaterhaus des Sohnes Gottes im Himmel in Herrlichkeit und Liebe erstrahlte. Warum nur hatte er es verlassen?

Die Krankenschwester erklärte es: »Als er reich war, wurde er arm um euretwillen.« Er verließ das Reich des Lichtes und kam wie ein heimatloses, ausgestoßenes Kind in unsere Dunkelheit, um heimatlose, ausgestoßene Kinder in die Geborgenheit seines Vaterhauses zu führen.

Ein drittes Bild folgte. Da waren Hirten zu sehen, die nachts auf den Feldern ihre Herden hüteten. Hamid dachte an seine Ziegen und die vielen Tage, die er am Bergeshang mit ihnen zugebracht hatte. Aber schon war ein anderes Bild an der Reihe: Der Engel des Herrn erschien, und die Herrlichkeit Gottes umstrahlte die Hirten. Wie sie sich fürchteten! Die Schafe aber anscheinend nicht. Die grasten ruhig weiter unter den ausgebreiteten, leuchtenden Flügeln des Engels. »Euch ist heute der Heiland geboren«, verkündete der Engel den Hirten. Aber nicht einmal der offene Himmel und die singenden Heerscharen der Engel schreckten die Herde auf. Hamid mußte plötzlich an die Todesschreie der Schafe denken, die am ersten Festtag zur Schlachtbank geführt wurden. Hier wurde weder geschrien noch geschlachtet, es herrschte Frieden auf der Erde.

Das letzte Bild erschien auf der Leinwand. Die Hirten hatten ihre Herden unter der Obhut des Engels zurückgelassen, und da waren sie nun, barfuß in ihre groben Felle gehüllt, und knieten anbetend vor der Krippe nieder. Wieder mußte Hamid an das Schaffest denken, an die Reichen und die Großen des Landes, die in Festgelagen schwelgten und die Reste den Bettlern und Hunden zuwarfen. Mit diesem Christenfest war es etwas ganz anderes. Es war Kinzas Fest, weil Jesus ein Kind geworden war, das in den Windeln lag. Es war sein, Hamids Fest, weil der König des Himmels heimatlos geworden war und wie ein Ausgestoßener beim Vieh im Stalle lag.

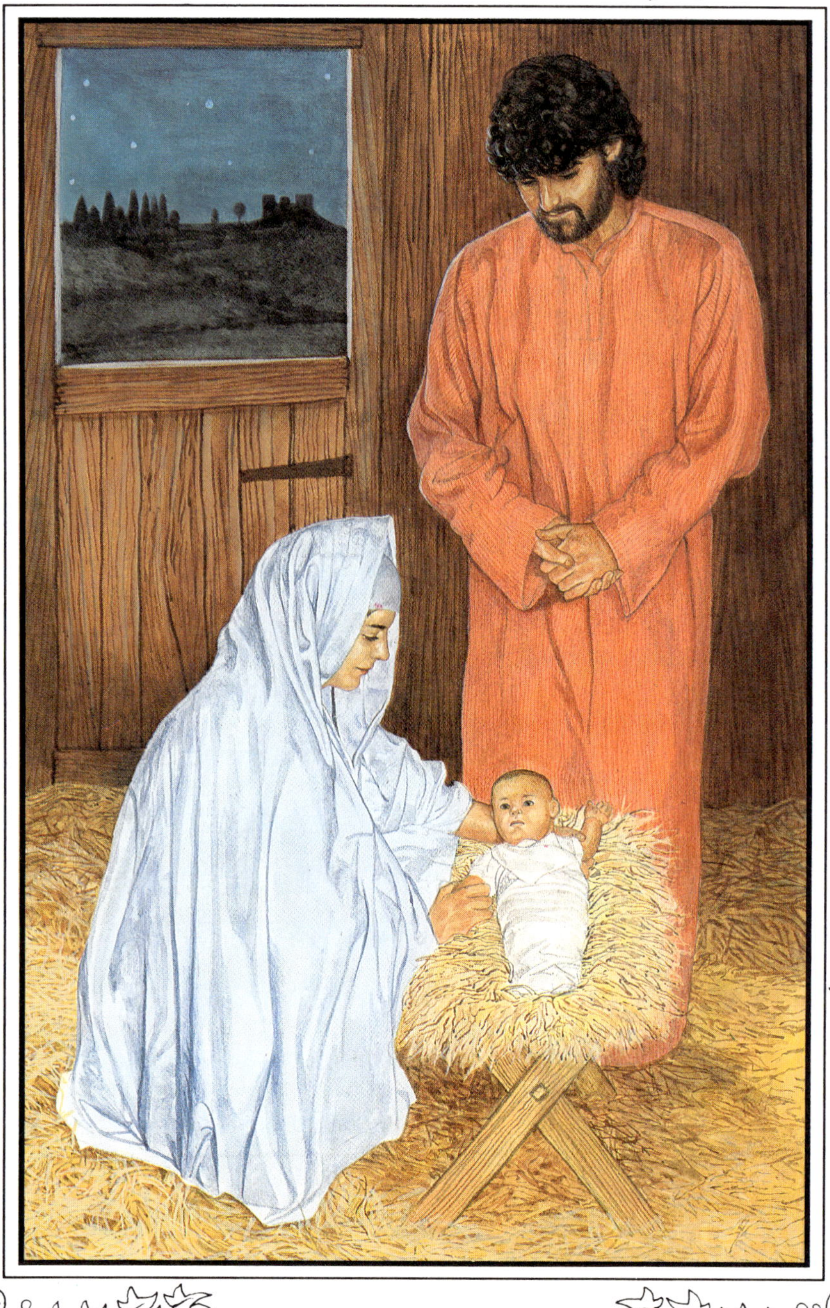

WEIHNACHTEN IN MAROKKO

Es war vorbei. Die Krankenschwester drehte das Licht an, und das letzte Bild verblaßte auf der Leinwand. Vom Fest blieben nur noch heruntergebrannte Kerzen, Papierchen von Bonbons, Orangen- und Nußschalen übrig. Aber die Erinnerung an eine Liebe, die gab, an eine Liebe, die arm wurde, geleitete Hamid auf die nasse Straße hinaus. Kinza stand im Türrahmen und winkte den in der Dunkelheit verhallenden Schritten nach, und als Hamid an ihr vorbeiging, streckte er schüchtern die Hand aus und strich ihr liebkosend über das Haar.

Die andern Jungen waren vorausgeeilt. Hamid schlenderte versonnen hinterdrein. Die Lichtbilder standen ihm noch deutlich vor Augen, er spürte den Regen nicht. Als er so unter einer matt brennenden Straßenlaterne herging, drang plötzlich ein spitzes, schrilles Miauen an sein Ohr. Er schaute hinunter und bemerkte ein winziges, tropfnasses, zum Gerippe abgemagertes Kätzchen, das sich hinter einem Abzugsrohr zu verbergen suchte.

In den elf Jahren seines jungen Lebens hatte Hamid viele halbtote Kätzchen auf der Straße gesehen. Nie hatte er sich auch nur eine Sekunde lang darum gekümmert. Aber heute war es anders. Weshalb, hätte er selbst nicht erklären können. Doch hatte er sich nicht soeben zu einem Kind hingezogen gefühlt, das demütig, sanft und mitfühlend gewesen war? Ohne daß Hamid es wußte, waren die ersten Samenkörner dieser Gesinnung in sein Herz gefallen. Zu seiner eigenen Verwunderung stellte er fest, daß das elende Geschöpf ihm nicht gleichgültig war. Er hob es auf und drückte es an sich. Es war so mager, daß die Haut unmittelbar über die Knochen gespannt schien; laut klopfte das Herz des verängstigten Tieres gegen seine Hand.

Was mit diesem Kätzchen zu geschehen hatte, war für Hamid keine Frage. Es gab *eine* offene Tür, wo es willkommen sein mußte! Kinza würde sich bestimmt darüber freuen. Warum sollte er ihr das Kätzchen nicht als Weihnachtsgeschenk bringen?

Hamid trottete über die nassen Pflastersteine zurück und klopfte bei der Krankenschwester an. Als sie die Tür öffnete, streckte er ihr voller Zuversicht das zitternde, elende Geschöpfchen entgegen.

»Es ist für Kinza, ein Geschenk zum Fest. Es ist arg hungrig und ganz kalt, drum habe ich es Ihnen gebracht.«

Die Schwester zögerte. Ein halbtotes Kätzchen, mit Wunden und Ungeziefer bedeckt, war eigentlich das Allerletzte, was sie sich jetzt wünschte. Sogleich aber erkannte sie, was hinter dieser Gabe lag, und sie wußte, sie durfte sie nicht abweisen. Eine große Freude erfüllte sie bei dem Gedanken, daß die Bemühungen dieses Abends nicht umsonst gewesen waren: Wenigstens *ein* kleiner Junge hatte den Sinn des Weihnachtsfestes erfaßt. Er wollte etwas geben, und er hatte sich über ein ausgestoßenes Kätzchen erbarmt. Es war das allererstemal in ihrer Laufbahn als Missionarin, daß die Schwester einem Moslemjungen gegenüberstand, dem die Leiden eines Tieres nahegingen.

So nahm sie die Gabe dankbar und freudig entgegen. Mit den Fingerspitzen trug sie das Tierlein zu einer Kiste, die beim Ofen stand, und besprengte es ausgiebig mit Insektenpulver. Dann stellte sie ihm ein Schälchen Milch hin; das Kätzchen hob keck den Schwanz, dann kauerte es sich zusammen und leckte die Milch aus. Ja, es war ein zähes, tapferes Kätzchen, unbesiegt von den Schlägen des Schicksals. Es war es wert, gerettet zu werden.

Und während die Krankenschwester dem Kätzchen zusah, tauchte vor ihrem inneren Auge ein Bild auf, das sie zum Lachen reizte. Es war ihr, als sähe sie die weihnachtlichen Gaben der Liebe aller Zeiten und aller Menschen vor der Krippe aufgehäuft: das Gold, den Weihrauch und die Myrrhe; die Huldigung des Himmels; die Schätze und Anbetung der Erde. Und zuoberst auf dem glänzenden Haufen, kostbar in den Augen dessen, dem es dargebracht wurde, stand ein mageres, von Flöhen geplagtes Kätzchen mit hoch erhobenem Schwanz – die Erstlingsgabe eines kleinen, mitfühlend gewordenen Jungen.

Die vier Kerzen

Die dritte Kerze

Der Sonntag ging zu Ende, und die Hauptstraße war ein einziges, festliches Lichtermeer. Nur noch ein Sonntag, dann war Weihnachten. Wen wunderte es, daß die großen Schaufenster der Geschäfte in den grellsten Farben prangten? Bei Sonnenuntergang hatten Petra und ihre Mutter die dritte Adventskerze angezündet.

»Und wenn ich die vierte anzünde«, jubelte Petra, »bekomme ich bald meine Geschenke!«

Ihre Mutter lachte, küßte sie und sagte, sie solle jetzt lieb sein und auf ihr Zimmer gehen. Denn Sonntag abends war Petras Mutter meist eingeladen und in Eile wegzukommen.

Petra schmiegte sich verlangend an sie und hing sich ihr an den Hals. Sie liebte es, das kühle Seidenkleid und die weiche Pelzstola ihrer Mutter zu betasten, und sie liebte den Duft ihrer Wangen. »Wenn meine Mutter nicht ganz so hübsch wäre und von jedermann so sehr bewundert würde«, dachte Petra, »dann müßte sie nicht so viele Einladungen annehmen! Dann fände sie Zeit, mit ins Kinderzimmer zu kommen, im schönen weißen Lichtkreis der drei Kerzen zu stehen und wunderbare Weihnachtsgeheimnisse zu flüstern.« Jetzt stand wieder der Wagen vor der Tür, und Mutter war bereits auf und davon mit einem entzückenden Rascheln ihres reichen, wallenden Gewandes. Petra seufzte leise und stieg mit ihrem Adventskranz in der Hand die Treppe hinauf.

Heute abend machte es ihr zwar weniger aus als sonst, daß ihre Mutter ausgegangen war, denn heute würde zweifellos das seltsame Mädchen wieder erscheinen. Zohra würde in ihrer eigenen Sprache mit ihm reden und ihm alles von den Kerzen erzählen, und sie würde ihm ihre Weihnachtspäckchen zeigen, die alle schön eingewickelt in einer Schublade versteckt lagen. Petra stellte den Kranz sorgfältig auf den Tisch und ging Zohra samt ihrem Kohleneimer suchen.

»Zohra«, bat sie in einschmeichelndem Tone, »ich möchte, daß du heute abend bei mir bleibst. Ich habe ein Geheimnis, und du mußt mir helfen.«

Zohra hatte keine Ahnung, was für eine Bewandtnis es mit diesem Geheimnis haben könnte, aber sie war stets bereit, ihrer geliebten Petra zu helfen. So lächelte sie denn nachsichtig, stellte ihren Eimer ab, kauerte beim Feuer nieder und wartete, um zu hören, was von ihr verlangt würde. Bei Petra konnte man nie wissen. Sie hatte manchmal die merkwürdigsten Einfälle.

»Ich erwarte ein kleines Mädchen zu Besuch«, erklärte Petra wichtig. »Sie versteht nur deine Sprache. Du sollst ihr sagen, was ich dir sage, und ihr meine Geschenke zeigen.«

Das hörte sich recht unschuldig an. Zora lächelte dienstbeflissen und nickte zustimmend. »Es wird sich um eine Schulfreundin handeln«, dachte sie, »die Tochter irgendeines reichen Moslems, und ihre Mutter wird sie zu Besuch bringen.«

In diesem Augenblick gab es bei der Tür ein Geräusch, eine leichte Bewegung, und das Lächeln erstarb auf Zohras Gesicht und machte einem Ausdruck höchster Entrüstung Platz. Denn durch den Türspalt zwängte sich ein zerzauster Haarschopf, der in ein ziemlich schmutziges Tuch eingebunden war, und aus einem verschmierten Gesicht schaute ein aufgewecktes, furchtsames Augenpaar. Diese Augen erblickten Zohra vorerst nicht; sie hefteten sich wie verzückt auf die drei brennenden Kerzen.

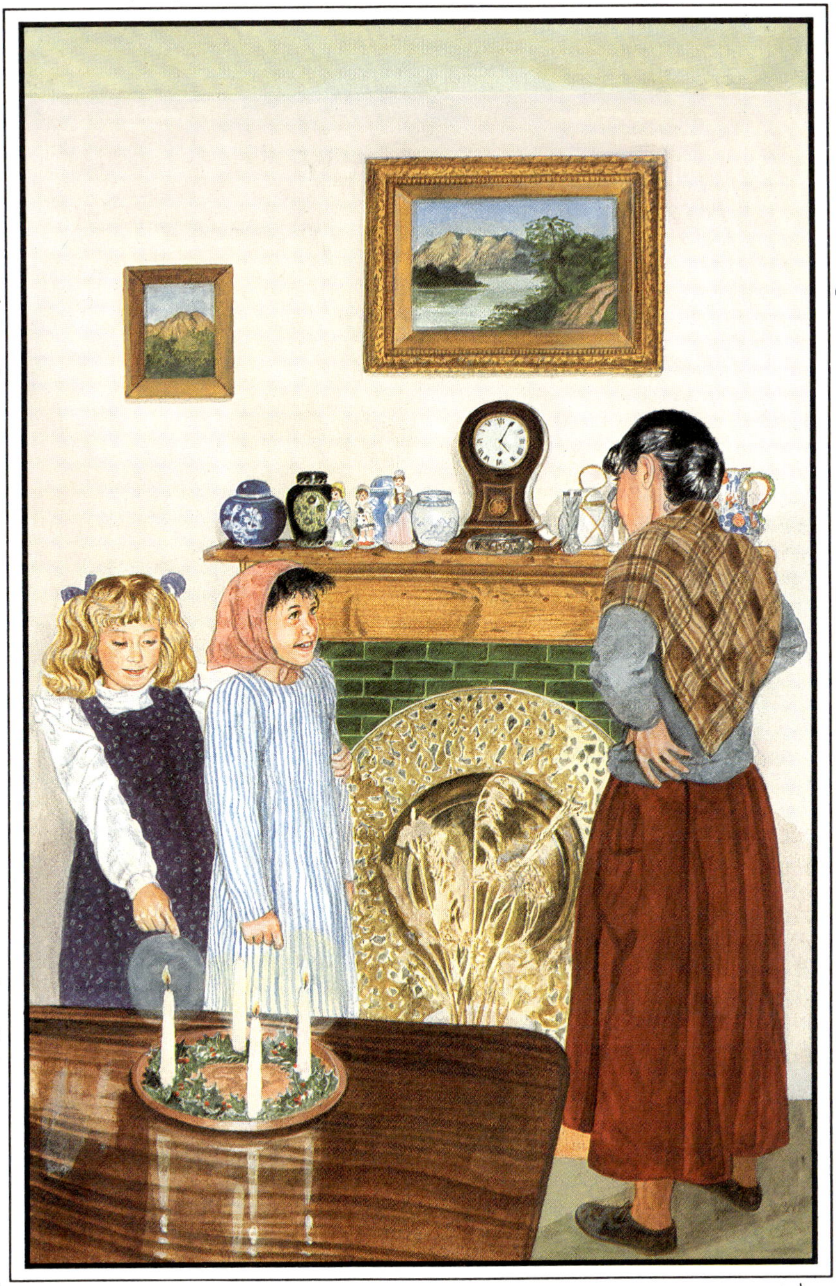

»Das ist sie!« rief Petra freudig. Sie eilte zur Tür, zog die ungleiche Gefährtin ins Zimmer herein und warf die Tür hinter ihr ins Schloß. »Ich wußte, daß du kommen würdest«, sagte sie zu Aischa. »Schau, ich habe die dritte Kerze angezündet!«

Aischa konnte kein Wort verstehen, aber sie war beglückt über den warmen Empfang, und ihr Gesicht erglühte in Liebe und Freude. Doch gleich darauf wurde sie bleich vor Schreck, denn sie hatte Zohra entdeckt, und Zohras Gesicht war alles andere als einladend. Aischa wandte sich um und wollte zur Tür stürzen, aber Petra vertrat ihr den Weg und hielt sie fest.

»Du sollst nicht davonlaufen!« befahl sie. »Ich will dir sagen, wie das mit meinen Kerzen ist. Zohra, du sollst dem Mädchen alles, was ich sage, auf arabisch erklären, so daß sie es verstehen kann.«

Zohra schüttelte hilflos den Kopf. Sie erkannte Aischa. Das war doch das schmutzige Kind, das sonntags die Küche fegte! Wie dieser kleine Frechdachs ins Kinderzimmer geraten konnte, war ihr allerdings rätselhaft. Aber eins wußte sie: Petras Mutter wäre bestimmt sehr ungehalten darüber.

»Deine Mutter nicht zufrieden«, stotterte Zohra in ihrem mühsamen Englisch. »Du weißt, sie nicht zufrieden.«

Doch Petra entgegnete barsch:

»Meine Mutter ist ausgegangen. Tu nicht so dumm, Zohra! Mach, was ich dir sage! Dieses Mädchen ist eine Freundin von mir. Sag ihr, daß ich jede Woche eine Kerze anzünde, weil das Jesuskind kommt. Sag ihr, daß nächste Woche das Fest seiner Geburt ist. Sag ihr, daß sie nächsten Sonntag bestimmt kommen soll, weil ich dann alle vier Kerzen anzünde, und weil dann gleich Weihnachten ist.«

Zohra seufzte, fand aber, der rascheste Weg, um den unerwünschten Gast loszuwerden, sei, Petra zu gehorchen. Deshalb wiederholte sie die ersten beiden Sätze wie ein Papagei auf arabisch, erlaubte sich aber für den Rest eine recht freie Übersetzung. Sie erklärte:

»Sie sagt, daß sie jede Woche eine Kerze anzündet, weil das Jesuskind kommt, und nächste Woche ist das Fest seiner Geburt, da wird sie alle vier anzünden – aber was du da oben zu suchen hast, du böses Ding, das weiß ich nicht. Paß auf, daß ich dich nie

DIE VIER KERZEN

mehr im Kinderzimmer erwische, sonst übergeb' ich dich schnurstracks der Fatima in der Küche!«

Aischa sah unsicher und betrübt zu ihr auf. Die drei Kerzen brannten genauso, wie sie es sich vorgestellt hatte. Aber irgendwie war alles verdorben. Der helle Lichtkreis war kein einladendes Heiligtum der Reinheit und Freundlichkeit mehr. Es war jemand da, dem sie unerwünscht kam. Sie fürchtete sich und wäre am liebsten davongelaufen.

Aber vielleicht hatte das nichts zu bedeuten, denn dem blonden Mädchen kam sie ganz sicher nicht unerwünscht, und schließlich war sie ja die Königin des Kinderzimmers. Plötzlich faßte sie Aischa bei der Hand, zog sie in eine Ecke und öffnete eine Schublade voller hübsch verschnürter, bunter Päckchen.

»Sag ihr, daß das meine Geschenke sind, Zohra!« befahl Petra. »Geschenke für jedermann im Haus und für alle meine Onkels und Tanten. Und sag ihr, daß ich nächsten Sonntag, wenn sie wiederkommt, auch ein Geschenk für sie bereithabe.«

Zohra übersetzte:

»Sie sagt, das seien ihre Geschenke. Und jetzt scher dich gefälligst in die Küche hinunter und komm nie mehr hier herauf. Schnell, sei brav!«

Sie sprach nicht unfreundlich und meinte es wahrscheinlich nicht böse, denn Aischa war ja ein Kind ihres eigenen Volkes. Aber sie fürchtete, getadelt zu werden, wenn solch ein von Schmutz strotzendes Geschöpf in Petras Zimmer angetroffen würde. Wenn sie sie bloß jetzt rasch loswerden konnte! Vor dem nächsten Sonntag würde sie Fatima ins Vertrauen ziehen. Fatima würde schon zu verhindern wissen, daß so etwas sich je wiederholte.

Vor Ehrfurcht ergriffen schaute Aischa von den Kerzen zu den Geschenken und wieder zurück. Beinahe vergaß sie darüber Zorahs Gegenwart. Nun wußte sie endlich, weshalb das Mädchen jede Woche eine weitere Kerze anzündete. Es geschah zu Ehren eines kleinen Kindes mit Namen Jesus, das nächste Woche kommen sollte. Dann würden alle Kerzen brennen, das ganze Zimmer würde hell erleuchtet sein, und das Kindlein würde lachen und quietschen vor Freude. Aischa hatte nie zuvor von Jesus gehört, denn sie war ein Moslemkind. Aber sie war überzeugt, er mußte ein außerordentlich vornehmes Kind sein, wenn man seinetwegen so viele Kerzen anzündete. Und die Geschenke! Sie waren bestimmt alle für ihn. Was die Päckchen wohl enthielten? Wahrscheinlich reizende Kleidchen und Spielzeug und winzige farbige Schühchen. O, hoffentlich durfte sie das Kind sehen! Noch nie hatte sie sich irgend etwas so sehnlich gewünscht! Wenn nur die Frau da sie nicht mehr so mißbilligend anschauen wollte! Die verdarb ja alles. Auf einmal sah sie Zohra wieder in ihrer ganzen Größe vor sich stehen, so daß sie ängstlich und unsicher wurde. Sie lächelte dem Mädchen rasch und dankbar zu, dann eilte sie zur Tür und verschwand im Treppenhaus. Bevor sie aber auf dem untersten Tritt angelangt war, hörte sie wieder Petras helle Stimme eindringlich hinter sich herrufen:

»Venga – Domingo otro!«

Aischas Mutter war an diesem Abend in großer Eile, aber sie hatte alle Mühe, ihre Tochter vorwärtszubringen. Aischa trippelte traumverloren neben ihr her und preßte die Nase gegen jedes Schaufenster, bis die Mutter ihr schließlich eins wischte.
Doch Aischa machte sich nicht viel daraus. Es waren solch wundervolle Dinge in den Schaufenstern ausgestellt, und obwohl sie keinen einzigen Peseta ihr eigen nannte, begehrte sie sie alle für das Kind. Dieses winzige Mäntelchen aus Kaninchenpelz zum Beispiel, würde es ihm nicht entzückend stehen? Und jener grüne Zuckerstengel, den hätte es sicher gern! Bereits hing Aischas eben erst erwachtes Herz in inniger Liebe an dem Kinde, und langsam nahm ein alles erfüllender Gedanke von ihr Besitz. Auch sie würde ihm ein Geschenk bringen! Nächsten Sonntag würde sie leise, leise in das Zimmer hinaufschleichen, wo die vier Kerzen brannten. Sie würde nicht lange dort bleiben. Sie wollte nur rasch das Kind sehen, ihm die Patschhändchen küssen und ihm ihr Geschenk neben die lustigen Strampelfüßchen legen – und dann befriedigt wieder in der Dunkelheit verschwinden.
Die Frage war nur: Was konnte sie ihm schenken?

DIE VIER KERZEN

Das Geschenk

Die ganze Woche dachte Aischa an nichts anderes als an ihr Geschenk für das Jesuskind. Es regnete fast jeden Tag, so kalt und in Strömen, wie es in Nordafrika eben regnet. Die Kinder kauerten um ein rundes Tonbecken voll glühender Holzkohlen und versuchten, sich die steifen Finger und Zehen zu erwärmen. Die Ziege und die Hühner drängten sich ins Haus und gerieten jedermann zwischen die Beine. Das Dach leckte, das Jüngste hustete und schnupfte und jammerte, und jeder ging jedem auf die Nerven. Es war für alle eine recht mühselige Woche – außer für Aischa, die ihre Mutter beinahe die Wände hinauftrieb, weil sie ständig vor sich hin träumte und wie geistesabwesend ins Kohlenfeuer starren konnte, als gehe das Getümmel ringsum sie nicht das geringste an.

Aischa sah im Kohlenfeuer wunderbare Bilder. Sie sah sich selbst, wie sie, vom Kerzenlicht verklärt, die Hände voll funkelnder Gaben, vor einem Kindlein kniete, das jauchzend die Arme nach ihr ausstreckte. Und auf geheimnisvolle Weise strahlte es lauter Liebe und Freude aus. Manchmal, wenn Aischa nachts neben Safea unter dem Ziegenfell schlief, kam das Kind ihr bis in die Arme gelaufen; sie spürte im Traum die Wärme seines kräftigen Körperchens, das sich gegen sie preßte. Und sie wußte: wenn sie es nur festhalten konnte, würde sie nie mehr allein und von Angst geplagt sein. Dann aber erwachte sie in der Kälte des grauen Morgens, unter dem lecken Strohdach, in der bittern Einsicht, daß ihre Arme und Hände leer waren. Ach, was in aller Welt konnte sie ihm nur bringen?

Nichts. Sie besaß rein gar nichts. Diese harte Tatsache drängte sich ihr allmählich mit unausweichlicher Klarheit auf. Niedergedrückt stand sie eines Morgens an der Haustür und heftete ihre Blicke auf die vom Regen verdorbenen Mimosen. Da packte ihre Mutter sie bei den Schultern, schüttelte sie gehörig und schrie sie an:

»Was machst du eigentlich den ganzen Tag? Nichts als immer vor dich hin starren! Eine Kuh könnte man geradesogut anstellen wie dich. Die Kleine hat ja vor deiner Nase das Korn verschüttet! Geh jetzt zum Brunnen, aber rasch, und hol mir zwei Eimer Wasser. Aber bleib nicht den ganzen Vormittag dort stehen, um das Wasser anzuglotzen!«

DAS WEIHNACHTSBUCH

Unsanft stieß sie sie in den trostlosen Regen hinaus. Aischa seufzte, ergriff die Eimer und machte sich schlotternd auf den Weg. Wie scheußlich, bei solchem Wetter zum Brunnen zu gehen! Aber es mußte sein. Sie lief bergab, so schnell sie konnte – tripp, trapp! – aber bergan konnte sie nicht laufen. Der Abhang war steil und die Eimer schwer, und der unbarmherzige Regen nahm ihr fast die Sicht. Und das Ärgste von allem war: Sie hatte kein Geschenk für das Kind. Kein Wunder, daß sie in trüber Stimmung war.

Aischa hielt den Kopf so tief gesenkt, daß sie die alte, schwarze Msuda gar nicht sah, die ebenfalls zum Brunnen eilte und dabei unzufrieden vor sich hin brummte und an allen Gliedern zitterte. Die schwarze Msuda war eine Nachbarin von Aischa. Es war schwer für sie, in ihrem Alter noch Wasser holen zu müssen. Aber der verwaiste Enkel, der bei ihr wohnte, hatte kürzlich den Arm gebrochen, und sonst war niemand da, der es tun konnte. Rums, stieß Aischa mit ihr zusammen! Eine Flut zorniger Worte brach aus dem Munde der Alten hervor, und Aischa wollte gerade eine freche Antwort geben, als sie bemerkte, daß die Frau weinte. Ein trostloses, leises Schluchzen vor Schwäche, Elend und Kälte drang unter dem Tuch hervor, welches das gebeugte Haupt verhüllt.

Flimmerndes Kerzenlicht und ein lächelndes Kind, das Wärme, Freundlichkeit und Liebe ausstrahlte – und eine alte Frau auf schlüpfrig-schmutzigem Pfad, die vor Altersschwäche und Kälte weinte ... Beides sah Aischa in diesem Augenblick vor sich, und die Frau tat ihr plötzlich furchtbar leid. Entschlossen stellte sie ihre Eimer an einem sicheren Ort neben dem Weg ab, griff nach Msudas Krug und sagte:

»Ich hole dir das Wasser, Msuda. Geh du nur nach Hause.«

Starr vor Staunen blieb die Alte stehen, während Aischa ein zweites Mal den Abhang hinablief. Als sie zurückkam, war Msuda in ihrer Hütte verschwunden. Sie klaubte etwas unter dem Gestell, das ihr als Bett diente, hervor und sagte:

»Du bist ein gutes Kind, Aischa. Zur Belohnung sollst du einen von meinen frisch gebackenen Khaifs haben.«

Ein paar Augenblicke blieb Aischa ganz still im Regen stehen und schaute auf das köstliche Geschenk hinab. Das Herz wollte

DIE VIER KERZEN

ihr auf einmal fast zerspringen vor Glück. Denn was konnte einem kleinen Kinde lieber sein als Khaif? Khaif wird aus einem flockigen Gemisch von Mehl und Wasser hergestellt. Dieses wird mit Öl beträufelt und in einer Bratpfanne zu kleinen Pfannkuchen gebacken. Kleine Kinder stopfen sich am liebsten eine Handvoll nach der andern davon ins Mäulchen und werden dabei immer öliger und immer vergnügter.

Aischa war so aufgeregt, daß sie bis zum Bambuszaun ihres Heims rannte, bevor sie merkte, daß sie ihre Wassereimer vergessen hatte. Zum Glück sah die Mutter nicht, daß sie nochmals umkehren mußte. Bald darauf trat Aischa ins Haus, als wäre nichts geschehen, und kein Mensch ahnte, welch süßes Geheimnis sie im Herzen barg.

Aischa hatte kein hübsches Papier wie Petra, um ihr Geschenk zu verpacken. Sie wählte eine Anzahl großer, glänzender Blätter, wickelte den Khaif darein und versteckte ihn in einer sicheren Ecke unter dem Ziegenfell. Nachts nahm sie ihn mit ins Bett. Es schadet ja nichts, wenn man auf einem Khaif liegt – er ist ohnehin flach!

Schwieriger war es, am folgenden Tag das Päckchen in die Stadt zu schmuggeln, ohne daß die Mutter es bemerkte, denn Aischa war recht dürftig bekleidet. Schließlich legte sie sich den Khaif auf den Kopf, band das Tuch darüber fest und schritt äußerst sorgsam und würdig daher. Als sie das große Haus erreichten, hatte sie einen ganz steifen Nacken und war froh, das im Tuch verborgene Geschenk in einer Ecke der Küche verstauen zu können. Und nun mußte sie irgendwie durch die endlosen Stunden dieses Tages kommen. Denn erst, wenn die Lampen auf den Straßen aufzuleuchten begannen, konnte sie die Treppe ins Märchenland hinauflaufen, die vier Kerzen brennen sehen und ihre Gabe zu den Füßen des Kindleins niederlegen.

Immerzu fragte sie sich, ob der Kleine wohl schon angekommen sei, und einige Male schlüpfte sie in die Halle hinaus, um verstohlen zu lauschen, ob man etwas von ihm höre. Aber alles blieb still. Die Tür zum Kinderzimmer war geschlossen. Doch das beunruhigte Aischa nicht. Vielleicht kam das Kind mit dem Nachmittags-Dampfer an, und alle waren an den Hafendamm gegangen, um es abzuholen.

Und dann brach die Dämmerung herein. Die Menschen auf den Straßen drängten sich in farbenfreudigem Durcheinander. Ob es nun Sonntag war oder nicht, die hellerleuchteten Läden blieben alle offen, denn es war Heiligabend. Aischas Mutter war wie gewohnt im Hof beschäftigt, und Fatima war verschwunden. Aischa befand sich allein in der Küche. Der Augenblick, das Kind aufzusuchen, war gekommen. Bestimmt war Petra gerade jetzt daran, die vierte Kerze anzuzünden. Hoffnung, Liebe, Mut, Scheu und Sehnsucht stürmten alle miteinander durch Aischas einfaches Gemüt und trieben sie in atemloser Spannung in den Flur hinaus.

Den kostbaren Khaif fest an die Brust gepreßt, schlich sie auf Zehenspitzen zur Treppe und schaute hinauf. Die Tür stand wieder halb offen, und der sanfte, einladende Lichtschimmer flutete ihr entgegen, ein wenig stärker und heller als sonst, weil doch morgen Weihnachten war und Petra zur Feier des Tages alle vier Adventskerzen angezündet hatte.

DIE VIER KERZEN

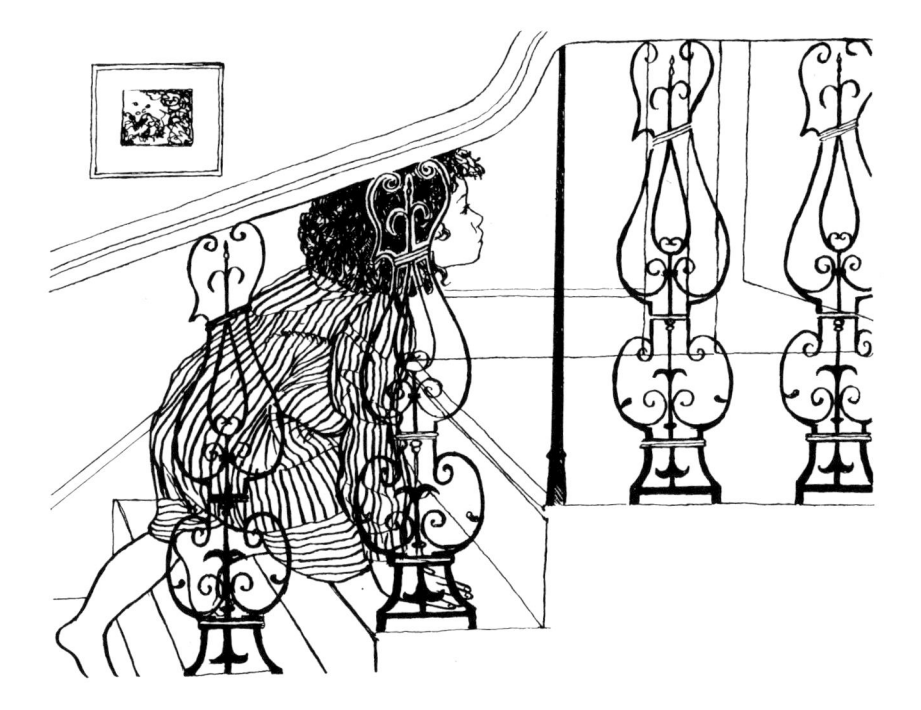

Alles war still. Vielleicht schlief das Kind. Aischas Wangen waren vor freudiger Erwartung gerötet, als sie die Treppe hinaufeilte, ihrem Traumland entgegen.

Eben hatte sie die oberste Treppenstufe erreicht, da schoß eine rohe Hand aus dem Dunkel hervor und packte sie am Arm. Bevor sie wußte, wie ihr geschah, fühlte sie sich die Treppe hinabgestoßen, geschlagen und geschüttelt. Stumm vor Schreck, stolpernd und nach Atem ringend, blickte sie im Lichtschein, der durch die offene Küchentür drang, in Fatimas wutverzerrte Züge.

»Jawohl, ich weiß alles«, zischte Fatima, die sich nicht getraute, im Treppenhaus allzuviel Lärm zu machen. »Zohra hat es mir erzählt. So, ins Zimmer meines Fräuleins schleichst du dich ein? Dich habe ich aber erwischt! Versuch du das noch einmal! Jetzt ist's aber aus mit dir! Wart nur, bis ich's deiner Mutter sage ...« Tätsch, tätsch!

Ein Schrei – Aischa war zur Besinnung gekommen. Doch Fatima preßte ihr die Hand auf den Mund, stieß sie zur Haustür hinaus und schloß hinter ihr zu. Da stand Aischa nun auf der Treppe, ganz allein, und drückte noch immer den Khaif ans Herz.

Sie hatte keine Ahnung, wohin sie gehen wollte, nur weit, weit weg mußte sie von der schrecklichen Fatima. Bitterlich schluchzend begann sie, die frohbewegte Straße hinunterzulaufen. Sie merkte nicht, daß sie rechts und links an die Leute stieß. Nicht das Schütteln und Schlagen war ihr das Ärgste gewesen. Nein, daran dachte sie kaum. Das Schlimmste war: Sie hatte das Jesuskind nicht gesehen! So nahe war sie ihm gekommen, nur ein paar Schritte hatten sie von ihm getrennt. Bestimmt schlief es sanft in seiner weichen Wiege, eingehüllt in das zarte Licht der vier Kerzen. Aber der Khaif, den sie ihm ehrfürchtig hatte auf die Bettdecke legen wollen, war noch immer in ihrer Hand.

Aischa ging so völlig in ihrem Schmerz unter, daß sie weder den Aufschrei der Leute, noch den Pfiff des Verkehrspolizisten, noch das Kreischen der Bremsen hörte, als sie blindlings über die Straße rannte. Nie konnte sie sich später daran erinnern, daß sie von einem großen Wagen angefahren worden war. Sie lag bewußtlos auf der Straße, eine Menge Leute umstanden sie und schwatzten in allen möglichen Sprachen durcheinander, bis der Krankenwagen erschien und sie ins englische Krankenhaus brachte, hoch oben auf der Felsenkuppe, mit Blick auf die Meerenge von Gibraltar.

DIE VIER KERZEN

Das Kind

Aischa kam erst in der Abenddämmerung des folgenden Tages zu sich, denn sie hatte den Kopf gegen den Randstein geschlagen und eine leichte Gehirnerschütterung davongetragen. Außerdem hatte sie ein Bein gebrochen. Im Lauf des Nachmittags war sie schon einmal halb aufgewacht und hatte gemeint, sie höre irgendwo in weiter Ferne singen und sehe Kerzen flimmern, aber sie konnte es ebensogut geträumt haben.

Als sie aber abends erwachte, wußte sie bestimmt, daß sie nicht träumte. Sie war hellwach, das gebrochene Bein schmerzte, und sie fühlte sich schwindlig. Wo sie war, konnte sie allerdings nicht ausmachen. Nach einer Weile gab sie's auf, daran herumzustudieren, und blieb einfach still liegen, um zu lauschen und zu beobachten.

Sie lag auf einem erhöhten Bett, was allerdings beunruhigend war, denn sie hatte nie anderswo als auf dem Boden geschlafen. Nur waren hier eine ganze Reihe von Leuten, die alle ebenfalls auf solch hohen Bettgestellen lagen und doch nicht herunterzufallen schienen. Vielleicht war die Sache nicht so gefährlich, wie sie aussah. Am anderen Ende des Zimmers standen mehrere Leute um einen Baum herum, auf dessen grünen Zweigen nicht vier, sondern viele, viele farbige Kerzen brannten. Auch ein Grüppchen Kinder in langen, hellen Kleidern stand dabei und sang auf arabisch:

> Vom Himmel kam der Engel Schar,
> Erschien den Hirten offenbar;
> Sie sagten an: »Ein Kindlein zart,
> Das liegt dort in der Krippe hart.
> Zu Bethlehem in Davids Stadt,
> Wie Micha das verkündet hat;
> Es ist der Herre Jesus Christ,
> Der euer aller Heiland ist«.

Aischas Herz tat plötzlich einen Luftsprung. Jesus – das war doch der Name des Kindes, das zu Petra auf Besuch kommen sollte! War es etwa statt dessen hierher gekommen? Diese Kinder sangen ja von ihm und hatten zu seinem Empfang mindestens 50 Kerzen angezündet. In Aischas Kopf war alles noch recht verworren, nur Petra, das Kind und die vier Kerzen hatte sie völlig klar im Gedächtnis.

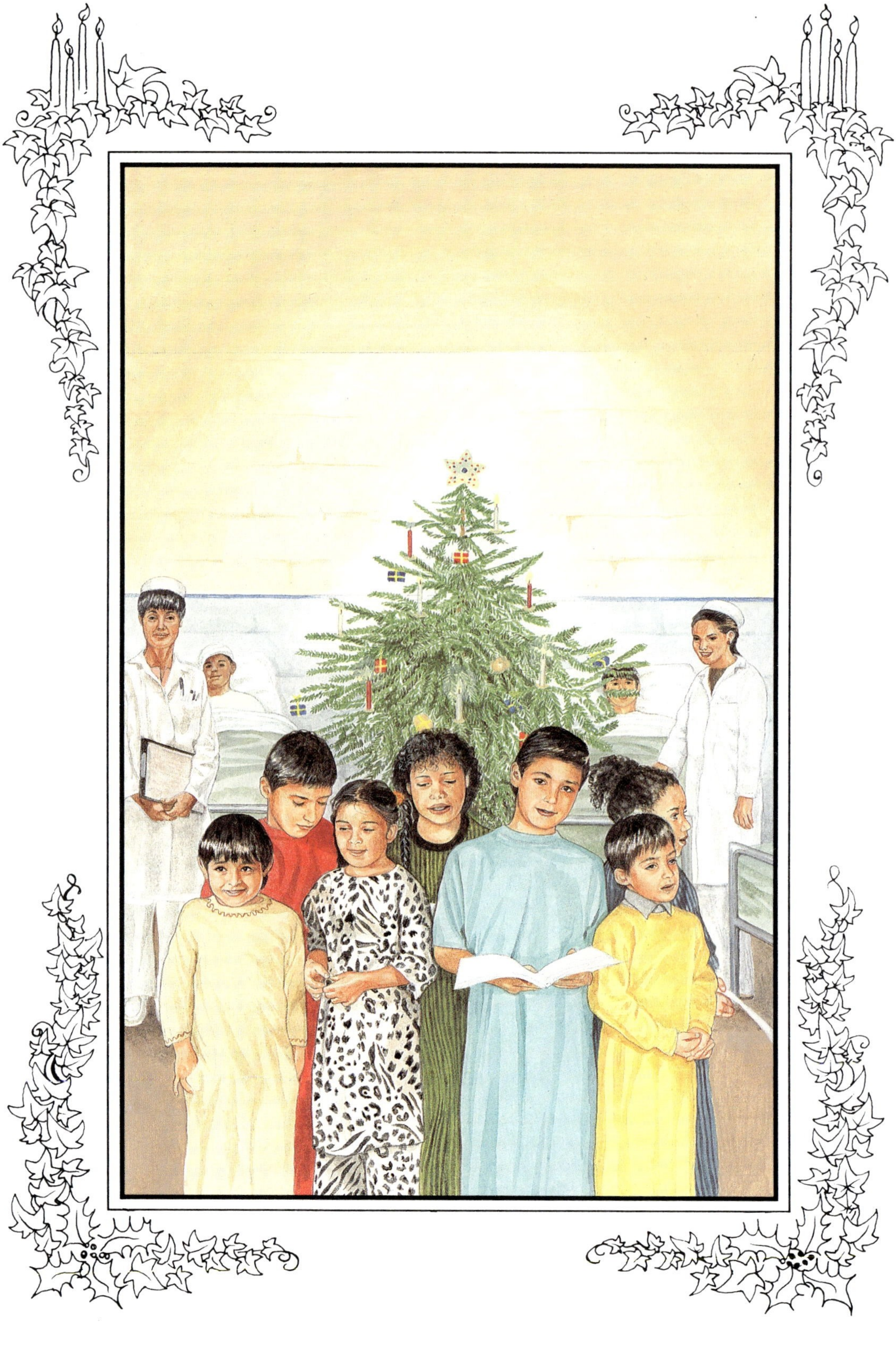

DIE VIER KERZEN

Sie schlief wieder ein, und als sie erwachte, war es Nacht, und es brannten keine Kerzen mehr; nur ein einziges, winzigkleines rotes Lämpchen glühte über der Tür und warf einen fahlen Schein in den Raum. Gesungen wurde auch nicht mehr, nur geschnarcht. Behutsam hob Aischa den Kopf und blickte ringsum. Die Nachtschwester bemerkte es und fragte, wie sie sich fühle.

Aischa hatte Krankenschwestern gern. Vor genau einem Jahr hatte sich das zweitjüngste Geschwisterchen aus Versehen ins rotglühende Kohlenbecken gesetzt, und Aischa hatte es eine Zeitlang jeden Morgen zum Verbinden in dieses selbe Krankenhaus tragen müssen. Die Schwester war immer lieb und nett zu ihr gewesen, und einmal hatte sie Absaloms Gezeter mit einem roten Bonbon gestillt. Schwestern waren offensichtlich freundliche, vertrauenswürdige Wesen. Aischa lächelte, küßte der Nachtschwester die Hand und sagte:

»Ich möchte das Kind sehen. Wo ist es? Schläft es schon?«

»Welches Kind?« fragte die Schwester leise. »Meinst du dein Brüderchen?«

»O nein. Ich meine das Kind, das Jesus heißt. Es hätte zu Petra gehen sollen und ist dann statt dessen hierher gekommen. Die Kinder haben von ihm gesungen und die Kerzen für es angezündet. Wo ist es? Ich habe ein Geschenk für es bereitgehabt, aber jetzt weiß ich nicht mehr, wo es ist.«

Die Krankenschwester stand vor einem Rätsel. Wie konnte dieses Moslemkind mit seinen großen, sehnsüchtigen schwarzen Augen von dem heiligen Kinde gehört haben? Und wer war Petra? Sie setzte sich auf Aischas Bettrand und versuchte, ihr die Sache klarzumachen.

»Hör, Aischa, du kannst das Jesuskind nicht sehen, denn es wurde schon vor vielen, vielen Jahren geboren und ist inzwischen zu Gott zurückgekehrt. Aber unsere Kinder haben seinen Geburtstag gefeiert und davon gesungen, daß Jesus in die Welt gekommen ist, um uns von Sünde und Traurigkeit zu erlösen. Ich will dir von ihm erzählen, Aischa, dann wirst du's begreifen.«

Aischa lag regungslos, die ernsten Augen auf die Pflegerin geheftet. Nichts in der Welt wünschte sie so sehr, als verstehen zu können, was es mit diesem Kinde für eine Bewandtnis hatte.

DAS WEIHNACHTSBUCH

»Gott hat uns lieb, Aischa«, sagte die Krankenschwester. »Darum hat er seinen Sohn Jesus gesandt, um uns den Weg zum Himmel zu zeigen. Er wurde wie wir als kleines Kind geboren. Seine Mutter war sehr arm und legte ihn nach der Geburt in eine Futterkrippe. Später ist er zu Gott zurückgekehrt, aber er lebt und hat uns lieb. Er ist allezeit bei uns, obwohl wir ihn nicht sehen können, und kann uns den Weg zum Himmel zeigen.«

Die Pflegerin schüttelte dem Kinde das Kissen auf und ging lautlos weiter. Aischa aber starrte zum roten Lämpchen hinauf und überlegte angestrengt.

Sie hatte sich vorgestellt, daß sie für die Dauer eines Augenblicks in den Lichtkreis jener Kerzen laufen, ihre Gabe dem Kinde hinlegen und dann für immer in die kalte Dunkelheit zurückkehren würde. Jetzt war alles anders. Das Kind kam nicht, und sie würde es nie sehen. Trotzdem war sie nicht unglücklich, denn was die Krankenschwester gesagt hatte, war ja noch viel schöner.

»Er hat dich lieb; er ist immer bei dir, obwohl du ihn nicht sehen kannst; er wird dir den Weg zum Himmel zeigen.« So hatte die Schwester gesprochen, und halb wach, halb schlafend glaubte Aischa vor sich eine lange, hell erleuchtete Straße zu sehen, die sich durch die Dunkelheit dahinzog. Am Anfang der Straße stand das Kind, rosig, lockig und helläugig, als wäre es soeben vom Schlaf erwacht. In der einen Hand hielt es eine brennende Kerze, und mit der anderen bedeutete es ihr, ihm zu folgen. Und die Liebe seines frohen Herzens zog sie unwiderstehlich an, so wie der Lichtschein aus Petras Zimmer sie die dunkle Treppe hinaufgelockt hatte. Im Traum lief Aischa auf das Kind zu, legte ihre Hand in die seine und wußte plötzlich, daß sie nun alles, was sie sich je gewünscht, gefunden hatte. Niemals würde sie sich mehr zu fürchten brauchen, denn niemand konnte sie von dem Kinde trennen. Bei dem heiligen Kind war sie in Sicherheit; hier war Liebe, Geborgenheit und Freude die Fülle.

DIE VIER KERZEN

Als alle Kerzen brannten

Aischa hatte einen ziemlich bösen Beinbruch. Sie mußte sechs Wochen im Krankenhaus bleiben und genoß jede Sekunde davon. Jeder Tag hatte zwei Höhepunkte, den ersten um 3 Uhr nachmittags, wenn die Mutter zu Besuch kam, das jüngste Kind auf den Rücken gebunden und alle übrigen hinter sich herziehend. Der zweite Höhepunkt folgte um 7 Uhr abends, wenn die englische Missionarin mit einem tragbaren Harmonium anrückte, alle miteinander Lieder sangen und den wunderbaren Geschichten lauschten, die sich mit dem Jesuskind zugetragen hatten, als es erwachsen war.

Wie schön war es doch, daß Jesus seine Hände auf kranke Leute gelegt und sie ohne jedes Medikament gesund gemacht hatte; auf kleine Kinder, so daß sie froh und gesegnet heimgingen; und auf ein verstorbenes Mädchen ungefähr in Aischas Alter, das sich dann sofort aufgesetzt und großen Appetit gehabt hatte. Aber eines Abends erzählte die Missionarin eine sehr traurige Geschichte: Jene gütigen Hände waren an ein Holzkreuz genagelt worden. Man hatte Jesus getötet! Willig und voller Liebe war er gestorben, um für alles Böse, das Aischa und alle übrigen Menschen auf der Welt getan hatten, zu bezahlen. Das ging Aischa sehr nahe, denn sie wußte wohl: Sie hatte ungezählte Male gelogen, war böse und frech gegen ihre Mutter gewesen und hatte die kleinen Geschwister geschlagen. Bis spät in die Nacht hinein mußte sie darüber nachdenken. Und wieder erlebte sie es halb wachend, halb träumend, daß das heilige Kind zu ihr kam und die Hände nach ihr ausstreckte. Es waren wunde, durchstochene Hände. Sie aber wußte, daß alles Böse, das sie je getan hatte, nun vergeben werden konnte, und daß sie mit einem sauberen, reingewaschenen Herzen ganz neu anfangen durfte.

»Mein ganzes Leben lang will ich dem Kind auf dem Weg zu Gott nachfolgen«, flüsterte sie und faltete andächtig die Hände. Bereits liebte sie den Herrn Jesus von ganzem Herzen. Sie mußte an die hübsche Petra denken, die ihm zu Ehren Kerzen angezündet und Geschenke bereitgelegt hatte. Wie gern hätte sie ein Gleiches getan! Aber sie konnte nicht. Sie war nur ein armes, braunhäutiges, ganz gewöhnliches Kind, das nichts zu verschenken hatte.

Nach einiger Zeit erhielt Aischa Krücken und durfte im Garten herumhumpeln. Später lernte sie an einem Stock gehen. Und an einem schönen Frühlingstag, als derselbe muntere Wind, der zu den Krankenhausfenstern hereinblies, auch die Meereswellen kräuselte und ihnen lustige Schaumkäppchen aufsetzte, teilte der Arzt Aischa mit, er werde sie noch an diesem Nachmittag mit seinem Wagen nach Hause fahren.

Sinnend lag Aischa auf ihrem Bett. Sie wußte noch nicht recht, ob die Nachricht sie freute oder nicht. Ihr Weggang bedeutete zwar keinen endgültigen Abschied, denn sie wollte fortan jede Woche hier die Sonntagschule besuchen. Auch wollte sie mit Safea wiederkommen und sämtliche Schwestern besuchen. Aber sechs Wochen sind eine lange Zeit im Leben eines kleinen Mädchens, und sie hatte sich bereits an Ordnung, Sauberkeit und Platz gewöhnt. Alle diese Dinge fehlten ganz und gar in der Bretterbude auf dem Hügel. Sie dachte an die Ziege, die vielen kleinen Geschwister, die Katzen, die ausgeleerten Wassereimer, den Kohlenrauch, das lecke Dach an Regentagen und die Wäsche, die nicht trocknen wollte – und sie seufzte. Als die Pflegerin fragte, ob sie sich denn nicht freue, gab sie keine Antwort.

Der Arzt kam gleich nach dem Mittagessen, und Aischa verließ das Zimmer unter den Abschiedsrufen ihrer Mitpatienten: »Besuche uns bald, Aischa! Gehe in Frieden, und möge Gott dir Glück schenken!« Gepäcksorgen hatte sie keine und konnte deshalb mit beiden Händen winken, als sie zum Tor hinausfuhr. Im Schwung nahm der Wagen die Kurven der Gebirgsstraße. Das Meer leuchtete von unten herauf, und die Stadt lag weit hinter ihnen.

Der Arzt hatte weiter oben am Berg allerlei Besuche zu machen und setzte Aischa deshalb kurzerhand in der Nähe ihres Hauses ab. Als er sich von ihr verabschiedet hatte, blieb sie einen Augenblick stehen und schaute um sich. Die Narzissen längs des Wildbachs standen in Blüte, und kleine schwarze Lämmer tummelten sich auf Teppichen von wilden blauen Schwertlilien. Der Wind blies frisch vom Meer herauf, und als hätte er ihnen die Nachricht von ihrer Heimkehr zugetragen, wurden die Geschwister ihrer plötzlich ansichtig und purzelten eins nach dem anderen aus der Hütte, um ihr entgegenzulaufen.

DIE VIER KERZEN

Die folgenden paar Minuten waren ein wildes Durcheinander von Schreien, Lachen und stürmischen Umarmungen. Irgendwie landete Aischa schließlich auf der Haustreppe mit dem Kleinsten im Schoß, mit Absalom auf dem Rücken, der ihr die Arme fest um den Hals geschlungen hatte, und mit Mustafa und Sodea, die sie begeistert anstrahlten, je unter einen Arm geklemmt. Die Ziege stieß sie recht unsanft in die Rippen, die Mutter kochte sogleich Pfefferminztee zu ihrem Empfang, und Safea stand zappelnd vor ihr und pendelte mir ihrem dünnen Körperchen wie ein Mimosenzweig hin und her, gänzlich außer sich vor Freude.

Aischa aber, erhitzt und unsagbar glücklich, mußte plötzlich laut auflachen beim Gedanken an das stille, saubere Krankenzimmer und ihr prächtiges, reines Bett. Sie wunderte sich, wie sie es ausgehalten hatte, sechs lange Wochen fern von den heißen, fest zupackenden Ärmchen und den schmierigen Händchen ihrer Geschwister zu leben. Sie blickte auf das magere Kindchen mit seinem fleckigen Kopf und rinnenden Näschen herab und entschied auf der Stelle, daß kein zweites Kind auf Erden so schön und lieb sein könne. Ihr Herz zersprang beinahe in einer Aufwallung von Liebe zu ihnen allen. Und auf einmal wußte sie weshalb, denn sie erinnerte sich:

Sie hatte jenes andere Kind kennengelernt – und es lebte in ihrem Herzen als Quelle aller Liebe, aller Güte und Freude. Jenes Kind stand jetzt neben ihr und breitete sein Licht über den frühlingsfrohen Hang, über die Hütte, die Mutter, die schmutzigen Gesichter der Geschwister. Und sie sah alles in seinem gesegneten Schein.

Das himmlische Kind hatte selbst die Kerzen angezündet.